Museumplein

Siebe Swart
(foto's/photographs)

Museumplein
(werk in uitvoering/work in progress)

Theodor Holman
Ludger Smit
Hripsimé Visser
(teksten/texts)

NAi Uitgevers/Publishers, Rotterdam

Museumplein
Theodor Holman

Amsterdam heeft een gebrek aan pleinen. We hebben er wel een handjevol, maar die zijn voornamelijk curieus omdat het eigenlijk geen pleinen zijn. Het Leidseplein bijvoorbeeld. Toeristen herkennen het niet; ze zien geen open ruimte. Die is er ook nauwelijks.

Rembrandtplein dan. Het is onmiskenbaar een plein, maar - typisch Amsterdam - we konden, zo lijkt het, ook hier de ruimte niet aan. Het Rembrandtplein is zo volgebouwd met struiken, bankjes en andere troep, dat je van de ene kant, de andere kant niet kunt zien.

Het Damplein - niemand in Amsterdam noemt het 'Damplein' maar gewoon 'de Dam' - is een groot, open plein, dat al zo lang bestaat als de stad, maar we weten er geen raad mee. Er staat - althans, dat vind ik - een monster van een beeld, een saai paleis en een kerk die in de schemer het silhouet heeft van een oude, gekrenkte vrouw. De lantaarns zijn van een aandoenlijke kitsch, en ook de rest van het straatmeubilair - dat, zo lijkt het, elke twee jaar wordt vernieuwd - toont een vrolijk-makend gebrek aan smaak. Zo staan er bijvoorbeeld stenen banken op de Dam waarop niemand kan zitten omdat die altijd óf kletsnat zijn van het regenwater zijn óf zijn ondergepoept door de duiven.

Maar dan het Museumplein. Dat is een echt plein. Dat is groot, open en plezierig. Je kunt - wanneer je op een bepaald punt staat - het Van Gogh Museum, het Stedelijk Museum, het Rijksmuseum en het Concertgebouw in één oogopslag zien. Het Museumplein markeert een stadsgrens: voor het plein heb je het sjieke Oud Zuid, daarachter het centrum en de grachtengordel.

Ik ben in die buurt opgegroeid. Als kind was het Museumplein voor ons het centrum. Er was een zandbak - in de tuin van het Stedelijk Museum - waar ik als kind altijd speelde. Er was een basketbalveldje waar we met de klas een schooltoernooi hielden. (Kon ook als voetbalveld gebruikt worden.) Er was een oorlogsherdenkingsmonument waar ik met mijn ouders op vier mei naar toe ging. En niet alleen in de musea, maar ook op het plein zelf moeten nog de vibratie

Museumplein
Theodor Holman

Amsterdam is sadly lacking in squares. We have a handful, it is true, but they are mainly oddities in that they are not actually squares at all. Take Leidseplein, for example. Tourists fail to recognize it, for they see no open space. And indeed there is not much to be seen.

Rembrandtplein then. It is unarguably a square but (typically Amsterdam) it seems that here too we were unable to cope with all that space. Rembrandtplein is accordingly so full of bushes, benches and other clutter that you cannot see from one side to the other.

Damplein (no one in Amsterdam calls it that, just 'the Dam') is a huge, open square as old as the city itself but we don't know what to do with it. It contains - to my mind at least - a monstrous sculpture, an uninspiring palace and a church that, seen at dusk, has the silhouette of a disgruntled old woman. The street lamps are touchingly kitschy, and the rest of the street furniture - which seems to get replaced every two years - displays a risible lack of taste. The Dam boasts stone benches that no one can sit on because they are always either soaked with rain or covered with pigeon droppings.

But Museumplein… Now that is a real square. It is big, open and pleasant. You can - if you stand at a certain point - encompass the Van Gogh Museum, the Stedelijk Museum, the Rijksmuseum and the Concertgebouw with a single glance. Museumplein marks a city boundary: in front of it is fashionable Oud Zuid, behind it the city centre and the canal zone.

I grew up in that neighbourhood. When I was young, Museumplein was the centre of our universe. There was a sandbox - in the garden of the Stedelijk Museum - where I played as a child. There was a basketball court where our class took part in a school tournament. (It also did duty as a football pitch.) There was a war memorial I went to with my parents on the Fourth of May. And surely not just the museums but the square itself must still resound to the vibrations of major historical events. How many demonstrations have been held there? If the Netherlands were to put its squares in a museum, Museumplein would merit a room to itself.

I remember when the Van Gogh Museum was going to be built. Houses had to be cleared to make room for it, something that was a lot easier in the sixties than now. Those houses were across the road from my primary school. Although it was strictly forbidden - risk of collapse - we wandered through the magnificent Amsterdam mansions that were earmarked for demolition. We went up to the attics. We were looking for treasure. We found some too every now and then: copper doorknobs, newspapers from the war year 1941 that sent our imaginations racing ('This house must have belonged to collaborators!'), and bits of marble we didn't really know what to do with. When we were up in the attic - there was never anything lying around there - we opened the attic window and climbed out onto the roof. Sitting there (while we secretly smoked a cigarette) we looked down on Museumplein that was another country for us, an easily conquered territory. As a child I was disappointed when they built the Van Gogh Museum. My affection for the square was suspended for a while.

Because my family has always lived in that neighbourhood, I have a fund of stories about Museumplein but I no longer know whether in fact they are true or not. My mother talked about a skating rink in winter. My brother knew for certain that there had been an hospital for war casualties underneath Museumplein. I myself heard that there had been a system of underground passages, an escape route. But from where to where, I don't know. Death and Life I have witnessed on that square. In 1982 someone was murdered there - I know because I saw the murder victim with my own eyes. And three years earlier, in the summer of 1979, those eyes had observed, in the bushes around the Stedelijk, a courting couple interrupted by the unwelcome attentions of a neighbour's dog. A square that has seen Death and Life is a good square.

Museumplein is the only true square Amsterdam has. Or had? I'm not sure. The changes, the renovations, betray the same old tendency to make the square smaller. I know,

voelbaar zijn van belangrijke historische gebeurtenissen. Hoeveel demonstraties zijn daar niet gehouden? Als Nederland zijn pleinen in een museum zou kunnen stoppen, verdiende het Museumplein een eigen zaal.

Ik herinner me dat het Van Gogh Museum gebouwd zou worden. Daarvoor moesten huizen ontruimd worden, wat in de jaren zestig makkelijker ging dan nu. Die huizen stonden tegenover mijn lagere school. Hoewel het streng verboden was - instortingsgevaar - dwaalden wij door de schitterende Amsterdamse herenhuizen die afgebroken zouden worden. We gingen naar zolder. We waren op zoek naar schatten. We vonden ook wel eens wat: koperen deurknoppen, kranten uit het oorlogsjaar 1941 waardoor onze fantasie helemaal op hol sloeg ('Dit moet het huis van NSB-ers geweest zijn!'), en marmer waarvan we niet goed wisten wat we ermee moesten doen. Als we op zolder waren - daar lag nooit iets - deden we een dakluik open en gingen op het dak zitten. En dan keken we - terwijl we stiekem een sigaret rookten - naar het Museumplein dat voor ons een ander land was, een makkelijk te veroveren gebied. Ik was als kind teleurgesteld toen het Van Gogh Museum werd gebouwd. De liefde voor het plein stond een tijdje stil.

Omdat mijn familie altijd in die buurt heeft gewoond, zit ik vol met verhalen over het Museumplein waarvan ik eigenlijk niet meer weet of ze nu waar zijn of niet. Mijn moeder vertelde van een schaatsbaan in de winter. Mijn broer wist zeker dat er onder het Museumplein een ondergronds ziekenhuis was geweest voor oorlogsslachtoffers. Ikzelf hoorde dat er een ondergronds gangenstelsel zou zijn, een vluchtroute. Maar van waar naar waar, weet ik niet. Dood en Leven heb ik op dat plein gezien. In 1982 is daar ooit iemand vermoord - dat weet ik, want ik heb de vermoorde met eigen ogen gezien. En die ogen hadden drie jaar eerder, in de zomer van 1979, in de bosjes van het Stedelijk, een vrijend stel opgemerkt dat niet met rust werd gelaten door een hond die door een buurtgenoot werd uitgelaten. Als een plein Dood en Leven kent, is het een goed plein.

Het Museumplein is het enige echte plein dat Amsterdam heeft. Of had? Ik weet het niet. De veranderingen, de verbouwingen, vertonen weer een tendens om het plein kleiner te maken. Ik weet het: we zijn met te veel mensen, we hebben te weinig ruimte voor onze auto's; we moeten bouwen.

Na je veertigste bekijk je alles door een venster van herinneringen. Je ziet wat weg is en dat kleurt wat er voor in de plaats komt. Ik kan het nog net aan. Ik loop met mijn oude moeder naar het plein en vertel haar dat er weer iets onder de grond van het plein gebeurt, en dat er weer een schaatsbaan komt in de winter. Ze knikt alsof dat een vanzelfsprekendheid is. Het is voor haar ook vanzelfsprekend; ze kan nauwelijks nog zien; haar venster zit bijna dicht van de herinneringen.

I know: there are too many of us, we don't have enough space for our cars; we have to build.

After you turn forty you start to see everything through a window of memories. You see what has gone and that colours your view of whatever has replaced it. I can just about cope with it. I walk to the square with my aged mother and tell her that there is something going on underneath the square again, and that there is going to be a skating rink in the winter again. She nods as if it is all self-evident. And for her it is self-evident; she can scarcely see any more; her window is nearly all memories.

De schaatsbaan van de Amsterdamse IJsclub, ca 1900
The skating rink belonging to the Amsterdamse IJsclub, ca. 1900

Jacob Olie, De museumterreinen tijdens de opbouw van de 'Wereldtentoonstelling van het Hotel- en Reiswezen', 13 april 1895. Rechtsboven het Concertgebouw, aan de Van Baerlestraat / *Jacob Olie, The museum site during the setting-up of the 'International Exhibition for the Hotel and Travel Business', 13 April 1895. Above right the Concertgebouw on Van Baerlestraat*

Breukvlak met randbebouwing
Ruimtelijke ontwikkeling van het Museumplein
Ludger Smit

Op sommige plekken lijkt het maar niet te lukken om tot een bevredigende invulling van de stedelijke ruimte te komen. Het Museumplein in Amsterdam was tot voor kort zo'n plek, een soort restruimte met onduidelijke bestemming. Hoe kan het dat de toerist die in zuidelijke richting onder het Rijksmuseum doorliep de indruk kreeg aan de rand van de stad te staan? Waaraan hebben we die prachtige, grote open vlakte - groter dan het Rode Plein in Moskou - midden in het dichtbebouwde Amsterdam te danken? En dat terwijl er over een periode van meer dan honderddertig jaar vele plannen zijn getekend door stedenbouwkundigen van grote naam, zoals P.J.H. Cuypers, H.P. Berlage en C. van Eesteren. Kennelijk was er telkens te weinig steun of in elk geval te veel tegenwerking om uitvoering van de voorstellen te realiseren. Plannen werden hooguit ten dele uitgevoerd. Een aantal ingrepen werd na enige tijd weer verwijderd, zoals het stukje gracht dat van 1878 tot 1891 langs de Jan Luijken- en Hobbemastraat liep van de Singelgracht naar de Boerenwetering. Ook de beruchte 'kortste snelweg van Nederland', aangelegd in 1953, die doodliep op het Rijksmuseum, werd onlangs gesloopt. Al even kenmerkend voor de problemen die de inrichting van het Museumplein opwierp, waren de verschillende als tijdelijk bedoelde bouwsels die een veel langer leven beschoren waren dan oorspronkelijk de bedoeling was, zoals het KLM busstation (1953 -1984) en de Sandbergvleugel van het Stedelijk Museum (1953) die er nog steeds staat. Het mag dan ook een wonder heten dat het nu eindelijk is gelukt een ontwerp tot uitvoering te brengen. Dit najaar wordt het nieuwe Museumplein naar een ontwerp van de Deense landschapsarchitect Sven-Ingvar Andersson opgeleverd (zie achterflap). Het is interessant om na te gaan wat de belemmeringen waren waarmee stedenbouwkundigen bij de invulling van het plein geconfronteerd werden en hoe Andersson er uiteindelijk in geslaagd is die te overwinnen of te omzeilen.

De geschiedenis begint in 1866 met het *Plan tot uitbreiding van Amsterdam* van stadsingenieur J.C. van Niftrik, die voor de nieuw in te richten gordel buiten de Singelgracht een fraaie stedenbouwkundige uitleg voorstelde, waarbij hij in het gebied

Fracture Area with Peripheral Development
The spatial development of Museumplein
Ludger Smit

Some locations seem to defy all attempts to turn them into a satisfying piece of urban planning. Until recently, Museumplein in Amsterdam was just such a location, a residual space of obscure purpose. How did it come about that tourists emerging on the south side of the Rijksmuseum had the impression of being on the outskirts of the city? To what do we owe this huge, open expanse - bigger even than Moscow's Red Square - in the middle of close-built Amsterdam? And this in spite of the many schemes drawn up for the area over the past hundred and fifty years by such urban planning luminaries as P.J.H. Cuypers, H.P. Berlage and C. van Eesteren. Evidently such schemes met with insufficient support or at rate too much opposition ever to be fully implemented. At best the plans were partially executed. Some of these interventions were later removed, like the stretch of canal that from 1878 to 1891 ran along Jan Luijken and Hobbema streets from the Singelgracht to the Boerenwetering and, most recently, the infamous 'shortest motorway in the Netherlands', a road built in 1953 which terminated at the Rijksmuseum. Equally typical of the problems generated by attempts to organize Museumplein were the various temporary structures that were granted a much longer lease of life than originally intended, like the KLM bus station (1953-1984) and the Sandberg Wing of the Stedelijk Museum (1953) which is still standing. It must therefore count as something of a minor miracle that it has finally proved possible to execute a design in its entirety. This autumn sees the completion of the new Museumplein to a design by the Danish landscape architect Sven-Ingvar Andersson (see back flap). It is interesting to examine the obstacles urban planners have faced over the years in their attempts to shape the square and to see how Andersson eventually managed to overcome or to circumvent them.

The history of the area began way back in 1866 with the Plan for the Expansion of Amsterdam drawn up by the city engineer, J.C. van Niftrik. He proposed a fine urban configuration for the new belt of development beyond the city's outermost canal, the Singelgracht. In the area between Vondel

Park and the Boerenwetering canal he projected a huge circular open space fed by twelve radial roads, a layout that totally ignored the existing pattern of land division in the area. Van Niftrik's ambitious expansion plan was rejected by the municipal council as unsuitable and too expensive. In response to this, the Director of Public Works, J. Kalff produced a sober Plan for the Expansion of Amsterdam in 1875 which in large part followed the existing structure of ditches, dikes and paths. Interestingly, the area between Vondel Park and Boerenwetering was left out of consideration in Kalff's large planning map. Although the Public Works pragmatist would undoubtedly have known what to do with it, he left this central location in the new section of Amsterdam undisturbed, with the result that we are able to see exactly what the existing land division looked like. Parallel with Vondel Park, the street pattern ran in a south-westerly direction, bounded by the Boerenwetering. On the other side of this waterway the street pattern followed an east-west orientation. In other words, the Boerenwetering formed as it were the boundary of a fracture area with all the problems this entailed for the planning of satisfactory connections. The map also shows how the ragged boundary with the municipality of Nieuwer Amstel (present-day Amstelveen) stood in the way of a spatially logical termination of any new structure that might be designed.

In 1872 Van Niftrik had been given a second shot at designing the area now known as Museumplein. He replaced the circular plan with a fan-shaped pattern of streets centred on a road that formed the continuation of Spiegelstraat (see front flap). This arrangement looked like a logical extension of the seventeenth-century pattern of radials with side-streets and canals in the area either side of Spiegelgracht/Spiegelstraat. Van Niftrik's new configuration was later imitated in numerous partially executed designs for an elegant villa district for the well-off behind the Rijksmuseum. For example, the architect of the Rijksmuseum, P.J.H. Cuypers produced two development schemes for the 'museum precinct' in 1876 and

tussen het Vondelpark en de Boerenwetering een groot rond plein projecteerde waarop twaalf radiaalwegen uitkwamen. In dit voorstel werd dus de bestaande verkaveling ter plekke volledig genegeerd. Het ambitieuze uitbreidingsplan van Van Niftrik werd door het gemeentebestuur als ondoelmatig en te duur van de hand gewezen. In reactie erop kwam de directeur van Publieke Werken J. Kalff in 1875 met een sober Plan voor de uitbreiding van Amsterdam waarin de bestaande landschappelijke structuur van sloten, dijken en paden grotendeels werd gevolgd. Opvallend is dat het gebied tussen Vondelpark en Boerenwetering op de grote plankaart van Kalff buiten beschouwing bleef. De pragmaticus van Publieke Werken had er ongetwijfeld wel raad mee geweten, maar liet deze centrale plek in het nieuw te bouwen Amsterdam ongemoeid. Daardoor is op de kaart van Kalff goed te zien hoe de bestaande verkaveling er uitzag. Parallel aan het Vondelpark liep het patroon in zuidwestelijke richting, begrensd door de Boerenwetering. Aan de overkant van dit water was het stratenpatroon van de Pijp oost-west georiënteerd. Zo vormde de Boerenwetering als het ware de begrenzing van een breukvlak, met alle problemen van dien voor het bedenken van een geschikte aansluiting. Tevens is te zien hoe de rafelige grens met de gemeente Nieuwer Amstel (het tegenwoordige Amstelveen) in de weg lag en een ruimtelijk logische afsluiting van de nieuw te ontwerpen structuur hinderde.

In 1872 had Van Niftrik voor het ontwerp van het gebied dat nu Museumplein heet een herkansing gekregen. Hij verving het cirkelvormige plan door een uitwaaierend patroon van straten, met in het midden een centrale weg in het verlengde van de Spiegelstraat (zie voorflap). Deze invulling lijkt een logische voortzetting van het zeventiende-eeuwse patroon van radialen met dwarsstraten en grachten in het gebied ter weerszijden van de Spiegelgracht/Spiegelstraat. Van Niftriks nieuwe voorstel zou in de loop der jaren worden nagevolgd in talloze, deels uitgevoerde ontwerpen ten behoeve van de aanleg van een luxe kwartier met villa's voor de meest welgestelden aan de achterzijde van het Rijksmuseum. Zo ontwierp de architect van

55

het Rijksmuseum, P.J.H. Cuypers, in 1876 en in 1891 een *Bebouwingsplan voor de museumterreinen*. Cuypers' voorstel van 1891, voorzien van een groot centraal plein, werd in gewijzigde vorm in 1902 door de Gemeenteraad aangenomen en was bepalend voor de verdere ruimtelijke ontwikkeling van het Museumplein.

Tussen de negentiende-eeuwse cultuurtempels Rijksmuseum en Concertgebouw moest iets bijzonders komen, daar waren alle betrokkenen het van begin af aan over eens. De hoge eisen die aan deze centrale plek in de uitbreiding van de stad over de Singelgracht werden gesteld, vormden tegelijk een belemmering om een keuze te bepalen. De monumentale en symmetrische vorm van het Rijksmuseum als stadspoort naar het nieuw te bouwen stadsdeel vroeg als het ware om een brede allee in het verlengde van de doorrit. Het stedenbouwkundig probleem achter het Rijksmuseum leek het beste op te lossen door een classicistische plattegrond met een centrale brede laan en rechte, symmetrische dwarsstraten. Daartegenover stond de opvatting dat de voorgenomen bebouwing met stadsvilla's nu juist vroeg om een 'schilderachtige' aanleg van straten met krommingen, onverwachte gezichtspunten en wisselende perspectieven, zoals de Oranje Nassau- en Koningslaan naast het Vondelpark. Uit zorg over de verwachte kwaliteit van de bebouwing aan het Museumplein werd in 1897 besloten tot de oprichting van een commissie van advies, met gerenommeerde leden als H.P. Berlage, A. Salm en J.Th.J. Cuypers, om de kwaliteit van de bebouwing te bewaken. Het was de voorloper van de welstandscommissie, opgericht in 1911.

De situering van het Concertgebouw en het Stedelijk Museum ten opzichte van het Rijksmuseum maakt duidelijk

P.J.H. Cuypers, *Plan van bebouwing voor het terrein achter het Rijksmuseum***, 1891**
P.J.H. Cuypers, **Development plan for the area behind the Rijksmuseum,** *1891*

1891. The 1891 version, which provided for a large central square, was accepted in modified form by the city council in 1902 and had a decisive impact on the further spatial development of Museumplein.

From the very beginning, everyone concerned agreed that the area between the nineteenth-century cultural temples of the Rijksmuseum and the Concertgebouw called for something special. At the same time, however, the high demands placed on this central location in the expansion of the city across the Singelgracht made it difficult to reach a decision. The monumental and symmetrical form of the Rijksmuseum, poised like a city gate at the entrance to the new section of the city, called for a wide avenue in continuation of the passage below the building. The best solution to the urban planning problem in the area behind the Rijksmuseum therefore seemed to be a classic street plan with a wide central avenue and straight, symmetrical side-streets. On the other hand there were those who argued that the proposed urban villa development called for a 'picturesque' street layout with curves, unexpected points of view and changing perspectives, like the Oranje Nassau and Konings avenues beside Vondel Park. Out of concern for the quality of future development around Museumplein, an advisory committee was set up in 1897 with such illustrious members as H.P. Berlage, A. Salm and J.Th.J. Cuypers. Charged with vetting the architectural quality of the new development, the committee was the forerunner of the 'welstandscommissie', established in 1911.

As the orientation of the Concertgebouw and the Stedelijk Museum vis à vis the Rijksmuseum makes clear, there was no centralized planning control. Even if the city council had nurtured any such ambitions, it did not have the necessary administrative means - either financial or statutory - to exercise effective leadership. In accordance with good nineteenth-century liberal tradition, it was private enterprise that called the shots in those days. So it was that in 1888 and 1894 respectively, the Concertgebouw and the Stedelijk Museum came to be built on the edges of the amorphous fracture area of Museumplein. The Concertgebouw (designed by A.L. van Gendt) is rather awkwardly positioned at a slight angle to and a little to one side of the visual axis from the Rijksmuseum. It was built within the municipality of Nieuwer Amstel on the uneven boundary with Amsterdam and parallel to the pattern of the old subdivision. The siting of the Stedelijk Museum (designed by A.W. Weissman) did nothing to improve matters from a planning point of view. Built to one side of the open space, on Paulus Potterstraat, it, like the Rijksmuseum, stood with its back to Museumplein.

For a while, too, the ambition to build an upmarket estate of villas and mansions was frustrated by a very mundane problem: the foul smells issuing from one of Amsterdam's largest factories, the Koninklijke Waskaarsenfabriek (wax candle-making works), which was located beside the Boerenwetering canal. After the factory was demolished in 1906, development gradually advanced along the streets laid out in accordance with Van Niftrik's plan.

dat er van een centrale stedenbouwkundige regie door het stadsbestuur geen sprake was. Voor zover het bestuur die ambitie al had, beschikte het niet over de benodigde bestuurlijke middelen - financieel noch wettelijk - om adequaat leiding te geven. Naar goed negentiende-eeuws liberaal gebruik had het particulier initiatief destijds de overhand. Zo werden aan de randen van het amorfe breukvlak Museumplein in respectievelijk 1888 en 1894 het Concertgebouw en het Stedelijk Museum voltooid. Het Concertgebouw (ontworpen door A.L. van Gendt) ligt ongelukkig genoeg een kleine slag gedraaid en ook net iets terzijde van de zichtas vanuit het Rijksmuseum. Het werd gebouwd binnen de gemeente Nieuwer Amstel langs de onregelmatige grens met Amsterdam en parallel aan het patroon van de oude verkaveling. De ligging van het Stedelijk Museum (ontworpen door A.W. Weissman) maakte het er stedenbouwkundig gezien al evenmin makkelijker op. Het kwam in navolging van Rijksmuseum met zijn rug naar het Museumplein te liggen, terzijde van de open ruimte, aan de Paulus Potterstraat.

Er was overigens ook nog een heel praktisch probleem. Het verlangen naar de bouw van een luxe kwartier met villa's en statige herenhuizen stond op gespannen voet met de aanwezigheid van de Koninklijke Waskaarsenfabriek, langs de Boerenwetering. Het was destijds een van de grootste fabrieken in Amsterdam en een bron van stankoverlast. Nadat de fabriek in 1906 was gesloopt, rukte de bebouwing langzaam verder op langs de volgens het plan van Van Niftrik aangelegde straten.

De vele plannen ten spijt kwam het echter niet tot een goede inrichting van de centrale ruimte. Maar onbenut bleef het terrein gelukkig niet. De stad had de nodige kosten gemaakt vanwege de onteigening van de grond, de aankoop en sloop van onder meer twee molens en arbeiderswoningen langs de Mennonietensloot en het door middel van ophoging bouwrijp maken en ontsluiten van het terrein. Verhuur ten behoeve van tijdelijk gebruik zou een deel van de gemaakte kosten kunnen vergoeden. Het terrein bleek in de praktijk de ideale plek voor grootschalige manifestaties. Er werden aan het eind van de

De schaatsbaan van de Amsterdamse IJsclub, 1907
The skating rink belonging to the Amsterdamse IJsclub, 1907

vorige eeuw bijzonder succesvolle 'wereldtentoonstellingen' georganiseerd: de 'Algemene Koloniale en Uitvoerhandeltentoonstelling' (1883), de 'Tentoonstelling van Voedingsmiddelen' (1887) en de 'Internationale tentoonstelling voor Hotel en Reiswezen' (1895). De foto's van de Amsterdamse amateurfotograaf Jacob Olie Jzn. laten prachtig zien hoe indrukwekkend de verschillende paviljoens en attracties waren.

Behalve voor tentoonstellingen werd het terrein ook verhuurd voor allerlei sportactiviteiten, zoals cricket, gymnastiek, harddraverijen en schaatsen. De Amsterdamse IJsclub heeft vele jaren van de museumterreinen gebruik kunnen maken en kreeg in 1904 toestemming een clubgebouw op te trekken tegenover het Concertgebouw. De IJsclub vertrok in 1936, maar het clubgebouw werd pas in 1952 gesloopt ten behoeve van de uitvoering van een nieuw inrichtingsplan.

Dit *Inrichtingsplan voor de museumterreinen* van Publieke Werken, naar een ontwerp van C. van Eesteren, was ondanks felle protesten door de Gemeenteraad aangenomen. Een van de scherpste critici was oud-gemeentearchivaris A. le Cosquino de Bussy. Hij toonde in een bloemrijk geformuleerd pamflet aan dat de heren van Publieke Werken zich

But in spite of the many plans, the organization of the central space was never truly satisfactory. Fortunately, however, it did not go to waste. The city had after all invested quite a lot in the area as a whole, what with compulsory land purchases, the acquisition and demolition of various structures, including two windmills and labourer's cottages along the Mennonietensloot, raising the level of the land in preparation for development and the construction of streets and bridges. One way of partially recovering these costs was to lease the central space for temporary use. In practice, it proved to be an ideal site for large-scale events. Several enormously successful international exhibitions were held there towards the end of the nineteenth century: the 'General Colonial and Export Trade Exhibition' (1883), the 'Food Fair' (1887) and the 'International Exhibition for the Hotel and Travel Business' (1895). The photographs taken by the Amsterdam amateur photographer Jacob Olie Jzn. show just how impressive the various pavilions and attractions were.

Apart from exhibitions, the site was also hired out for all kinds of sporting activities such as cricket, gymnastics, harness races and skating. The Amsterdamse IJsclub (Amsterdam skating club) was allowed to use the grounds for many years and in 1904 was given permission to erect a clubhouse opposite the Concertgebouw. The IJsclub departed in 1936 but the clubhouse was not demolished until 1952 to make way for a new development plan.

This *Development Plan for the Museum Area* presented by Public Works and designed by C. van Eesteren, was accepted by the city council in spite of fierce protests. One of the severest critics was the former municipal registrar, A. le Cosquino de Bussy. In a rhetorically worded pamphlet, he demonstrated that the gentlemen of the Public Works department were quite wrong to cite the architect of the Rijksmuseum, Cuypers, in order to justify the construction of a wide traffic route from Van Baerlestraat to the Rijksmuseum, a length of highway designed to expedite access to the centre of the capital for vehicles approaching from The Hague or

Maquette van het *Inrichtingsplan voor de museumterreinen* van Publieke Werken, 1952 / *Model of Public Works'* Development Plan for the Museum Site, *1952*

Schiphol. In his 1891 variant on Van Niftrik's second plan, Cuypers had incorporated a large square and, terminating the visual axis from the Rijksmuseum, a monumental building sited diagonally in front of the Concertgebouw. The explanatory text accompanying Van Eesteren's design stated that the broad thoroughfare along the Rijksmuseum axis was 'precisely what the architect of the Netherlands's foremost temple of art had had in mind'. De Bussy refuted this by pointing out that the centrally located monumental building proposed by Cuypers would have been very much in the way. But the council remained deaf to the arguments of a great many outraged citizens and gave the go-ahead to a plan that was dictated mainly by questions of traffic management. The stretch of highway has since been demolished to make

ter legitimering van de aanleg van een brede verkeersweg van de Van Baerlestraat naar het Rijksmuseum, een stukje snelweg om vanuit Den Haag of vanaf Schiphol per auto zo snel mogelijk het centrum van de hoofdstad te bereiken, ten onrechte beriepen op de bouwmeester van het Rijksmuseum Cuypers. Cuypers had in zijn variant van 1891 op het tweede plan van Van Niftrik een ruim plein opgenomen, met als afsluiting van de zichtas vanuit het Rijksmuseum een monumentaal gebouw, schuin voor het Concertgebouw. In de toelichting op het ontwerp van Van Eesteren werd gesteld dat de brede verkeersweg in de as van het Rijksmuseum zou zijn 'precies wat de bouwheer van Nederlands voornaamste kunsttempel indertijd voor ogen zweefde'. De Bussy weerlegde dit door erop te wijzen dat het door Cuypers voorgestelde centraal gelegen monumentale gebouw dan wel erg in de weg had gestaan. Maar de raad bleek niet gevoelig voor de argumenten van de vele verontwaardigde Amsterdammers en gaf toestemming tot uitvoering van dit vooral door verkeerstechnische overwegingen ingegeven plan. Inmiddels is die snelweg alweer gesloopt om plaats te maken voor het gras dat er al lag voordat Van Niftrik zijn eerste ideeën op papier zette.

Het is na meer dan honderddertig jaar een buitenlandse landschapsarchitect die er, met naar verhouding bescheiden middelen, in geslaagd is zijn voorstel vrijwel ongewijzigd uitgevoerd te krijgen. Hij laat de bestaande, nog resterende ruimte zoveel mogelijk intact. Het groene tapijt van de landschapsarchitect is een reminiscentie aan het ruime landschap met grazige weiden buiten de Singelgracht. Zelf refereerde Andersson in de toelichting op zijn ontwerp aan de weidse landschappen van de zeventiende-eeuwse schilder Meindert Hobbema. Van Hobbema is geen werk bekend met een voorstelling van het Amsterdamse ommeland in de omgeving van het Mennonietenpad, maar op grond van bewaard gebleven prenten en tekeningen lijkt de associatie terecht.

De sterke punten van het nieuwe Museumplein zijn de versterking van de zichtlijnen, de verbetering van de parkaanleg achter het Rijksmuseum en voor het Amerikaanse consulaat,

De aanleg van de verkeersweg volgens het *Inrichtingsplan voor de museumterreinen* van Publieke Werken, 12 augustus 1953. Aan het eind van de weg ligt het Rijksmuseum, rechts het KLM busstation in aanbouw *The construction of the traffic route in accordance with Public Works' Development Plan for the Museum Site, 12 August 1953. At the end of the road is the Rijksmuseum, right the KLM bus station under construction*

de grote open ruimte die voor het Concertgebouw is vrijgelaten en de terugdringing van de auto's en bussen. Over het 'ezelsoor', het schuin omhooglopende deel van het groene tapijt boven de ingang van de parkeergarage, is het laatste woord nog niet gezegd. Het Stedelijk Museum kijkt er lelijk tegenaan. Op een foto van Siebe Swart is de wanverhouding tussen de Sandbergvleugel en de toegang tot parkeergarage en Albert Heijn treffend in beeld gebracht.

We hebben het Museumplein te danken aan het feit dat het niet in het plan van Kalff was opgenomen, en aan de bouw van het Rijksmuseum gekoppeld aan het inzicht van Cuypers dat een stad als Amsterdam behoefte zou hebben aan een ruim opgezet plein, als expansievat om een teveel aan druk vanuit de stad op te vangen. Daardoor is het culturele hart van Nederland voor een groot deel leeg gebleven en is er nu weer ruimte voor luierende of demonstrerende Nederlanders. En wie weet kunnen de Amsterdammers nog dit najaar een partijtje cricket spelen voor het Concertgebouw of de komende winter gaan schaatsen achter het Rijksmuseum.

way for a return of the grass that was there before Van Niftrik committed his first ideas to paper.

After a hundred and thirty years of indecision, the honour of getting a design implemented virtually unaltered goes to a foreign landscape architect working with relatively limited means. As far as possible, Andersson has left the remaining open space intact. The landscape architect's green carpet is a reminder of the grassy meadows that once stretched away to the horizon south of the Singelgracht. In the notes accompanying his design, Andersson himself referred to the panoramic landscapes of the seventeenth-century painter Meindert Hobbema. Although there is no known painting by Hobbema of the Amsterdam hinterland in the vicinity of the Mennonietenpad, the prints and drawings that have been preserved would seem to support this association.

The strong points of the new Museumplein are the reinforcement of visibility lines, the improvement of the park layout behind the Rijksmuseum and in front of the American Consulate, the large open space in front of the Concertgebouw and the reduction of car and bus traffic. But we have not heard the last about the 'dog-ear', the raked triangle of greensward above the entrance to the underground car park onto which the Stedelijk Museum faces. The mismatch between the museum's Sandberg Wing and the entrance to the car park and supermarket is tellingly captured in one of Siebe Swart's photographs.

We owe the present Museumplein to its omission from Kalff's plan and to the construction of the Rijksmuseum coupled with Cuypers's insight that a city like Amsterdam would need a generously proportioned square as an expansion tank to accommodate any excess of pressure in the city. It is because of this that the cultural heart of the Netherlands has remained largely empty and that there is now once again space for idlers and demonstrators alike. And who knows, maybe Amsterdammers will once again be able to play a game of cricket in front of the Concertgebouw this autumn or go skating behind the Rijksmuseum in the coming winter.

Sources

Museumplein is one of the best documented sites in the Netherlands. The Municipal Archives in Amsterdam has an extensive collection of documents of all kinds: newspaper cuttings, archival documents, photographs, drawings, designs, publications. The main works consulted for this article are:

- A. le Cosquino de Bussy, 'Het museum-terrein: historie van het probleem', in: Maandblad Amstelodamum, 1951, pp. 66-72 and 'Het museum-terrein: de plannen van Publieke Werken', in: Maandblad Amstelodamum, 1951, pp. 102-105
- Museumplein 1866-1988: de museumterreinen te Amsterdam: een inventarisatie van de plannen, Dienst Ruimtelijke Ordening Amsterdam, 1988
- H. Battjes, 'Het Museumplein: een groen stadsplein in het hart van Amsterdam', in: Plan Amsterdam, 2 (1996) 12
- A. van der Woud, Waarheid en karakter: het debat over de bouwkunst, 1840-1900, Rotterdam 1997, p. 269
- L. Lansink, 'Het Museumplein in Amsterdam: een historisch overzicht', in: Jong Holland 2 (1999) 15, pp. 6-29

Geraadpleegde literatuur

Het Museumplein behoort tot de best gedocumenteerde plekken van Nederland. Het Gemeentearchief Amsterdam beschikt over een uitgebreide verzameling documenten van allerlei aard: kranten-knipsels, archiefstukken, foto's, tekeningen, ontwerpen, publicaties. De belangrijke voor dit verhaal gebruikte titels zijn:

- A. le Cosquino de Bussy, 'Het museum-terrein: historie van het probleem', in: Maandblad Amstelodamum, 1951, pp. 66-72 en 'Het museum-terrein: de plannen van Publieke Werken', in: Maandblad Amstelodamum, 1951, pp. 102-105
- Museumplein 1866-1988: de museumterreinen te Amsterdam: een inventarisatie van de plannen, Dienst Ruimtelijke Ordening Amsterdam, 1988
- H. Battjes, Het Museumplein: een groen stadsplein in het hart van Amsterdam, in: Plan Amsterdam, 2(1996)12
- A. van der Woud, Waarheid en karakter: het debat over de bouwkunst, 1840-1900, Rotterdam 1997, p. 269
- L. Lansink, Het Museumplein in Amsterdam: een historisch overzicht, in: Jong Holland 2 (1999) 15, pp. 6-29Á

Metamorfose Museumplein

Hripsimé Visser

Onder de vele voorouders van de fotografie bevinden zich behalve kunst en wetenschap ook de kermisattractie en het illusionistisch spektakel. Zo'n veertig jaar voor de uitvinding van de fotografie vergaapten op nieuwigheden beluste stedelingen zich reeds aan panorama's en diorama's. Panorama's waren geschilderde rondgezichten van 360 graden, dat wil zeggen een volledige cirkel, diorama's grote (13 x 24 meter) transparante, dubbelzijdig beschilderde wanden die door middel van lichteffecten verschillende gedaanten van een zelfde voorstelling lieten zien. Waar panorama's door hun formaat en vorm veelal gebonden waren aan een vaste plaats - denk aan het nog steeds bestaande Panorama Mesdag in Den Haag - konden diorama's reizen. Zichzelf respecterende steden als Parijs en Londen bezaten speciaal hiertoe ingerichte gebouwen die aan het einde van de negentiende eeuw tot tweeduizend bezoekers per voorstelling konden herbergen. Beide presentatievormen waren ontwikkeld om te voorzien in de behoefte aan vermaak van een groeiende stedelijke bevolking. Terwijl het panorama eigenlijk niet meer was dan de extreme variant op een al veel oudere traditie van het vastleggen van landschappen en steden vanaf een hoog punt, was het diorama verwant aan het theater. Beide attracties bezaten bovendien eigenschappen die ontwikkeld zouden worden door de latere film. Het panorama suggereert tijd, het diorama had een verhalend karakter en maakte graag gebruik van dramatische effecten. Zowel formaat als standpunt stelden de makers van panorama's en diorama's voor grote problemen. Zo konden deze megaproducties slechts met medewerking van een groot aantal schilders gerealiseerd worden. Belangrijker nog was het feit dat de afzonderlijke schilders tijdens het werkproces nooit het standpunt van de toekomstige beschouwer konden innemen. Om die reden moesten talloze specialistische technische trucs worden ingezet om het een waarheidsgetrouw, of op zijn minst overtuigend effect te kunnen bereiken.

Een van die technische hulpmiddelen was de camera obscura, al eeuwen in gebruik bij kunstenaars en wetenschappers om een optisch correct beeld van de werkelijkheid - zij het

The Metamorphosis of Museumplein

Hripsimé Visser

Among the many forebears of photography, along with the arts and sciences, are the fairground attraction and the illusionistic spectacle. Some forty years before the invention of photography, sensation-seeking city dwellers were already gaping at panoramas and dioramas. Panoramas were painted, 360 degree scenic views, in other words a full circle; dioramas were large (13 x 24 metres) transparent, double-sided painted walls in which different manifestations of the same scene were revealed with the aid of skilful lighting. While panoramas were by virtue of their size and format usually tied to a permanent site - like the Mesdag Panorama in The Hague - dioramas were able to travel. Self-respecting cities like Paris and London boasted special venues for diorama shows which in the late nineteenth century were able to hold up to 2000 visitors at a time. Both forms of presentation were developed to cater to the demand for entertainment from a growing urban population. While the panorama was really not much more than a greatly extended version of the much older tradition of recording landscapes and cities from a high vantage point, the diorama had theatrical associations. Both attractions also possessed qualities that would later be developed by motion pictures. The panorama suggested time, the diorama had a narrative character and made good use of dramatic effects. Both size and viewpoint presented the makers of panoramas and dioramas with considerable difficulties. To begin with, these megaproductions required the services of a great many painters. More important still was the fact that while they were working, the individual painters were never able see their work from the vantage point of the future viewer. Hence the need to employ all sorts of specialist technical tricks to create a convincing illusion of reality.

One such technical expedient was the camera obscura, for centuries used by artists and scientists to produce an optically accurate, albeit inverted, image. The credit for discovering a chemical process that finally allowed the image generated by the camera obscura to be recorded permanently belongs to

Siebe Swart, Panorama Amsterdam, 1996

Louis Jacques Mandé Daguerre (1787-1851). For Daguerre, who was a diorama painter, the challenge lay in capturing for all time the perfect illusion of a directly projected reality; for the other inventors of photography it lay in finding a way of reproducing images on a large scale. Daguerre's experiments eventually led to the daguerreotype, a one-off print. Photography as we know it, which is to say a technique for making a large number of reproductions of an image of reality, was invented around the same time by other experimenters.

Obviously, the invention of photography was greeted as a welcome aid by panorama makers, even though they had to wait until the turn of the century before there were cameras capable of turning through 360 degrees in one go, not to mention negative material capable of capturing that image. Of course, a similar effect could also be achieved by a photographer physically turning the camera around its axis, taking shot after single shot, and then assembling the individual photographs to form a 360 degree composite whole. This is the method that, thanks to technical improvements, was practised with increasing perfection in the nineteenth century. It resulted in some spectacular panoramas of big cities and landscapes, which were first published in the form of elegant albums for connoisseurs but a little later on in rather more simple formats for the growing tourist industry. Among the most famous are the panoramas of San Francisco made by Eadweard Muybridge (1830-1904) in the 1870s. They were by no means the first general views of the fast-growing city but they were certainly the most impressive: Muybridge's vantage point was the highest up to

op zijn kop - zichtbaar te maken. Aan Louis Jacques Mandé Daguerre (1787-1851) komt uiteindelijk de eer toe een chemische methode te hebben gevonden om dat door de camera obscura gegenereerde beeld te fixeren. Voor Daguerre, die dioramaschilder was, lag de uitdaging in het blijvend vasthouden van het perfecte illusionisme van een direct geprojecteerde werkelijkheid, voor de andere uitvinders van de fotografie ging het om het vinden van een manier om op grote schaal beelden te vermenigvuldigen. Daguerres experimenten leidden uiteindelijk tot de daguerreotypie, een eenmalige afdruk. De fotografie zoals we die kennen, dat wil zeggen een techniek om van een beeld van de werkelijkheid een groot aantal reproducties te maken, werd rond dezelfde tijd door anderen uitgevonden.

Uiteraard was de uitvinding van de fotografie voor de makers van panorama's een welkom hulpmiddel, al zou het tot de eeuwwisseling duren voor camera's en vooral ook negatief-materiaal waren ontwikkeld die in een keer een cirkel van 360 graden konden maken en vasthouden. Maar natuurlijk kon die cirkel ook gerealiseerd worden wanneer de fotograaf de camera om zijn as zou laten draaien en de afzonderlijke beelden vervolgens tot een geheel zou monteren. Deze methode werd in de negentiende eeuw met een, dankzij technische verbeteringen, steeds grotere perfectie gehanteerd en resulteerde in spectaculaire panorama's van grote steden en landschappen, uitgebracht in de vorm van chique albums voor fijnproevers maar wat later ook in simpeler presentatievormen voor de groeiende toeristenindustrie. Tot de beroemdste behoren de door Eadweard Muybridge (1830-1904) vervaardigde panorama's van San Francisco uit de jaren zeventig van de negentiende eeuw. Het waren zeker niet de eerste overzichtsbeelden van

deze snel groeiende stad maar wel de meest overtuigende: Muybridge's standpunt was het hoogste tot dan toe, zijn beelden beschreven tezamen een volledige cirkel en zijn in 1878 gerealiseerde uitklapbare album van dertien albuminedrukken bezat een totale lengte van vijf meter. Technisch vernuft, visueel plezier en burgerlijke trots op de groei van de stad waren de belangrijkste ingrediënten van dit fotografische hoogstandje dat ons, ruim honderd jaar na dato, bovendien een historisch document biedt van een sindsdien grondig veranderde stad.

In Nederland zijn fotografische panorama's jammer genoeg schaars; van Rotterdam is een incompleet panorama bewaard gebleven dat in 1861 werd gemaakt door Peter Wotke (1800-1870) en het vissersdorp Scheveningen werd panoramisch vereeuwigd door Henri de Louw (1851-1944) in 1882. Van Amsterdam bestaat pas sinds drie jaar een panorama, opgenomen door Siebe Swart (1957) op 19 augustus 1996 vanaf de zestiende-eeuwse Montelbaanstoren. Het is in meer dan een opzicht een klassiek panorama in de geest van Muybridge - al maakte Swart gebruik van volstrekt eigentijds technisch vernuft. Voor de afzonderlijke opnamen nam hij de hem vertrouwde technische camera, maar met behulp van de computer monteerde hij de opnamen tot één geheel. Hierdoor wordt de suggestie van eenheid versterkt al zal de aandachtige kijker hier en daar een gebouw ontdekken met een verwarrende knik of met wat meer ramen dan de logica aannemelijk maakt.

In de panoramische foto's van het Museumplein die de basis vormen van dit boek wordt de suggestie van eenheid door diezelfde digitale technieken doorbroken. Verschillende tijdsmomenten zijn aaneengesmeed om in één beeld opeenvolgende fasen van het bouwproces te laten zien. Anders gezegd: de

that moment, his images together described a full circle and the fold-out album of thirteen albumen prints he produced in 1878 had a total length of five metres. Technical ingenuity, visual pleasure and civic pride in the growth of the city were the main ingredients of this photographic tour de force which now, over a hundred years later, also provides us with a historic record of a city now changed beyond recognition.

In the Netherlands, photographic panoramas are unfortunately rare. There is an incomplete panorama of Rotterdam made in 1861 by Peter Wotke (1800-1870) and the fishing village of Scheveningen was immortalized in a panorama taken by Henri de Louw (1851-1944) in 1882. Amsterdam was only captured 'in the round' as recently as 1996 when Siebe Swart (b. 1957) made a panorama of the city from the vantage point of the 16th-century Montelbaanstoren. It is in more than one respect a classic panorama in the spirit of Muybridge, even though Swart was using the very latest in modern technology. For the individual shots he used his familiar view camera but when it came to combining them into a single image he turned to the computer for help. The computer montage reinforces the suggestion of unity, although an attentive viewer will discover the occasional building with a disconcerting kink or with more windows than logic would imply.

In the panoramic photographs of Museumplein that form the basis of this book, these same digital techniques have been used to subvert the suggestion of unity. Different moments in time have been welded together to show successive phases of the construction process in a single image. Put another way: the time factor has been literally brought into the picture. Oddly

Siebe Swart, Mercatorplein, Amsterdam, 1997 (origineel in kleur/*original in full colour*)

enough, with the use of this technique a historic circle closes: at the time when Muybridge made his San Francisco panoramas he was already busy with the experimental photographic studies of motion that eventually resulted in the celebrated book Animal Locomotion published in 1887. His rapid succession of exposures finally revealed the true nature of locomotion, overturning the many false interpretations that had been in circulation up to that date. They were also, by virtue of their sequential nature, another very direct forerunner of motion pictures. Siebe Swart has interpreted the panoramic image, which because of its elongated form and montage technique also has a cinematic quality, quite literally as the cross-section of a longer period of time. At the same time, like a true illusionist, he toys with the most advanced retouching methods in order to conjure up for us an imaginary reality. Swart developed this method during the documentary photo assignment 'Stad in Verandering' (The Changing City) carried out in 1996/97 for the Amsterdam Fund for the Arts. Basically Swart's job was to make recordings of certain places, an objective that turned out to be best served by approaching the location systematically from a single viewpoint. Returning to the same site - in each case an urban construction or renovation project - at a later date necessarily entailed change. Using his recently acquired Photoshop computer program Swart was able to insert the new image, if not effortlessly then seamlessly, into the existing series of pictures. His interest in the classic panoramic picture is of somewhat later date; Amsterdam was followed by projects in Rotterdam (1997) and The Hague (1998).

Museumplein presented a different kind of challenge. Not only has the square itself been drastically reorganized in recent years, but new buildings, extensions to existing ones and other architectural elements have also been appearing around its

factor tijd wordt letterlijk in beeld gebracht. Grappig genoeg sluit zich dankzij deze methode een historische cirkel: ten tijde van de opname van de San Francisco panorama's was Muybridge al bezig met zijn experimentele fotografische bewegingsstudies die uiteindelijk zouden resulteren in het beroemde boek Animal Locomotion uit 1887. Zijn elkaar snel achtereenvolgende opnamen van bewegingen onthulden de ware aard van tot dan toe vaak onjuist geïnterpreteerde manifestaties van motoriek en waren door hun sequentiekarakter een andere zeer directe voorloper van de film. Siebe Swart vat het panoramisch beeld dat door zijn langgerekte vorm en montageprincipe ook iets filmisch heeft, letterlijk op als de doorsnede van een langere tijdsperiode. Tegelijkertijd speelt hij als een ware illusionist met de meest geavanceerde retoucheermethodes om ons een imaginaire werkelijkheid voor te spiegelen. Swart ontwikkelde deze methode ten tijde van de documentaire foto-opdracht 'Stad in Verandering' die hij in 1996/97 uitvoerde in opdracht van het Amsterdams Fonds voor de Kunst. De basis van zijn werk bestond uit het simpelweg inventariseren van bepaalde plekken, een doel dat het beste gediend bleek bij een systematische benadering van de omgeving vanuit één enkel standpunt. Terugkeer naar een zelfde locatie - steeds een stedelijk constructie- of renovatieproject - op een later tijdstip betekende logischerwijs verandering. Door middel van het kort daarvoor aangeschafte computerprogramma Photoshop kon een nieuw beeld - weliswaar niet moeiteloos maar wel naadloos - in de bestaande reeks worden opgenomen. Zijn belangstelling voor het klassieke panoramische beeld ontstond pas later; na Amsterdam volgden projecten in de steden Rotterdam (1997) en Den Haag (1998).

Het Museumplein vormde een ander type uitdaging. De afgelopen jaren werd niet alleen het plein ingrijpend gereorganiseerd, ook verschenen en verschijnen nieuwe gebouwen,

uitbreidingen van de bestaande musea en andere architectonische elementen. De foto's in dit boek zijn een verslag van een langdurig bouwproces. Ook hier gaat het om een combinatie van technisch vernuft, visueel plezier en burgerlijke trots: het Museumplein is immers het enige echte Amsterdamse plein, lange tijd niet meer dan een kale vlakte doorsneden door 'de kortste snelweg van Nederland' maar nu weer een aangename groene omgeving, al kunnen de landschappelijke en bouwkundige ingrepen ongetwijfeld niet iedereen bekoren.

Eind negentiende en begin twintigste eeuw werd die Amsterdamse uitbreiding, het plein met zijn musea en het concertgebouw, vastgelegd door de fotograaf Jacob Olie Jzn (1834-1905). Zorgvuldig koos hij standpunten die nu eens de ligging van Rijksmuseum en Stedelijk Museum ten opzichte van elkaar tot onderwerp hebben, dan weer bijzondere evenementen zoals het (mislukte) opstijgen van een heteluchtballon op het IJsclubterrein of de opbouw van tentoonstellingsgebouwen op het gebied tussen de musea. Voor de Wereldtentoonstelling van 1895 koos Olie een hoog standpunt, de toren van het Rijksmuseum. Ruim honderd jaar later fotografeerde Siebe Swart het plein niet alleen vanaf het dak van het Rijksmuseum maar ook vanaf het Van Gogh Museum, het Stedelijk Museum en het Concertgebouw. Vanaf elk van deze punten vervaardigde hij een aantal keren een panorama van 180 graden. Volledige panorama's, van 360 graden, werden op maaiveldniveau gemaakt, onder andere in het verlengde van de onderdoorgang van het Rijksmuseum. Daarnaast maakte hij langs de voormalige museumstraat steeds een serie foto's in dezelfde richting - een lineair panorama -, dat de noord-westkant van het plein, die het meest aan verandering onderhevig was - en door de uitbreiding van het Stedelijk nog steeds is - vastlegt. Siebe Swart begon in het najaar van 1997 aan zijn project te werken. Het uiteindelijke resultaat zal bestaan uit een serie monumentale

perimeter. The photographs in this book are a record of a long drawn-out construction process. Here too the project is a combination of technical ingenuity, visual pleasure and civic pride: Museumplein is Amsterdam's only genuine square but for a long time it was no more than a barren expanse bisected by 'the shortest freeway in the Netherlands'. Now it is once again a pleasant green locale, even though the landscape and architectural interventions will certainly not be to everybody's liking.

At the end of the nineteenth century and the beginning of the twentieth, this extension to Amsterdam, the square with its museums and concert hall, was recorded for posterity by the photographer Jacob Olie Jzn (1834-1905). He chose his viewpoints with care, focusing now on the relationship between the Rijksmuseum and the Stedelijk Museum, now on unique events such as the (failed) ascent of a hot air balloon on the site of the skating club or the construction of exhibition pavilions on the area between the museums. For the World Fair of 1895, Olie chose a lofty vantage point, the tower of the Rijksmuseum. Over one hundred years later, Siebe Swart too photographed the square from the roof of the Rijksmuseum and also from those of the Van Gogh Museum, the Stedelijk Museum and the Concertgebouw. From each of these points he made several 180 degree panoramas. Full 360 degree panoramas were made from various ground level positions, one of these being the continuation of the passageway beneath the Rijksmuseum. From the former museum road he also took several series of photographs in the same direction. These 'linear' panoramas record developments on the north-west side of the square, the side most affected by change (with more still to come in the form of the extension to the Stedelijk Museum). Swart embarked on this assignment in the autumn of 1997. The final result will consist of a series of monumental

Jacob Olie, Museumplein met Stedelijk Museum en Rijksmuseum (achtergrond), 28 november 1894 / *Jacob Olie, Museumplein with Stedelijk Museum and Rijksmuseum (background), 28 November 1894*

montages of the square and the new wing of the Stedelijk Museum. This book offers an interim report in honour of the completion of the square itself, including the underground car parks and the new wing of the Van Gogh Museum.

In the event, the process turned out to be at least as fascinating as the envisaged result. On top of this, the chosen method opened up a great many visually compelling side-paths. The pictures in this book are consequently more than a collection of panoramas. Sometimes the montage is seamless, the passage of time rendered invisible in favour of a dramatic

montages van het plein en van de nieuwbouw van het Stedelijk Museum. Dit boek biedt een tussentijds verslag ter ere van het gereedkomen van het plein zelf, inclusief de parkeergarages en de nieuwbouw van het Van Gogh Museum.

Tijdens het werken bleek het proces minstens zo boeiend als het beoogde resultaat. Bovendien bood de gekozen methode zeer vele, visueel buitengewoon aantrekkelijke zij-paden. De beelden in dit boek zijn dan ook meer geworden dan een verzameling panorama's. Soms zijn de montages naadloos, het tijdsverloop onzichtbaar ten gunste van een

Jacob Olie, De museumterreinen tijdens de opbouw van de 'Wereldtentoonstelling van het Hotel- en Reiswezen', gezien vanaf de toren van het Rijksmuseum, 13 april 1895. Rechtsboven het Concertgebouw, aan de Van Baerlestraat
Jacob Olie, The museum site during the setting-up of the 'International Exhibition for the Hotel and Travel Business', seen from the tower of the Rijksmuseum, 13 April 1895. Above right the Concertgebouw on Van Baerlestraat

spectaculair overzichtsbeeld, dan weer verwarrend en anekdotisch door de incongruentie van aan elkaar gesmede momenten in de tijd. En ten slotte heeft ook het werkproces zelf zijn plaats gekregen in de vorm van een filmische sequentie van opnamen. Op die manier heeft Siebe Swart de romantische negentiende-eeuwse blik verbonden met de gefragmenteerde twintigste-eeuwse en een nog veel oudere liefde voor illusionistische schouwspelen met een typisch eigentijdse voorkeur voor de directe ervaring.

overview, at others it is made confusing and anecdotal by the incongruity of welded-together moments in time. And finally, even the work process itself finds reflection in a quasi-cinematic sequence of shots. As such, Siebe Swart has combined the romantic nineteenth-century gaze with the fragmented gaze of the twentieth-century and a much older love of illusionistic spectacles with a typical modern preference for direct experience.

Sources

- *Wolfgang Kemp, Foto-Essays zur Geschichte und Theorie
  der Fotografie, München 1978.*
- *Helmut Gernsheim, The Origins of Photography, London 1982.*
- *D. Harris and E. Sandweiss, Eadweard Muybridge and
  the photographic panorama of San Francisco, 1850-1880,
  Montréal 1993.*
- *Anneke van Veen (text), Siebe Swart (photography),
  Panorama van Amsterdam, Amsterdam 1996*

Geraadpleegde literatuur

- Wolfgang Kemp, *Foto-Essays zur Geschichte und Theorie der Fotografie*,
  München 1978
- Helmut Gernsheim, *The Origins of Photography*, London 1982
- D. Harris en E. Sandweiss, *Eadweard Muybridge
  and the photographic panorama of San Francisco, 1850-1880*,
  Montréal 1993
- Anneke van Veen (tekst), Siebe Swart (fotografie),
  Panorama van Amsterdam, Amsterdam 1996

Museumplein

Uitzicht achter het Stedelijk Museum/*View from the back of the Stedelijk Museum*, juni/*June* 1997

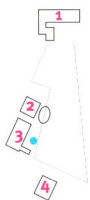

1 Rijksmuseum
2 Van Gogh Museum
3 Stedelijk Museum
4 Concertgebouw
● standpunt/*viewpoint*

Uitzicht achter het Stedelijk Museum/*View from the back of the Stedelijk Museum,* oktober/*October* 1998

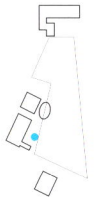

Uitzicht achter het Stedelijk Museum/*View from the back of the Stedelijk Museum*, juni/*June* 1998

Overzicht plein vanaf het Rijksmuseum/*View of square from the Rijksmuseum,* november/*November* 1998

Overzicht plein vanaf het Rijksmuseum/*View of square from the Rijksmuseum,* november/*November* 1998

Overzicht plein vanaf het Rijksmuseum/*View of square from the Rijksmuseum*, november/*November* 1998

Pagina uit schetsboek Siebe Swart/*Page from Siebe Swart's sketchbook*

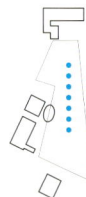

99-07 [Joost...
Licht Light – (Semi) LINEAIR]

98 01. 040/041

1212.465

OPNAMES Nd → 0999

98 01.039

Uitzicht vanaf het Concertgebouw/*View from the Concertgebouw*,
juni/*June* 1998 (boven/*top*), december/*December* 1998 (onder/*bottom*)

42

Uitzicht vanaf het Concertgebouw/*View from the Concertgebouw*, januari/*January* 1998

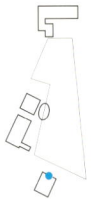

Op het Museumplein/*On Museumplein*

Uitzicht vanaf het Van Gogh Museum/*View from the Van Gogh Museum,* januari/*January* 1998

p 50-51 Pagina uit schetsboek Siebe Swart
p 50-51 Page from Siebe Swart's sketchbook

037

033

032 →

[1D01.]

↑
ZOMER (AVOND)
TERRAS

[TERRAS/KNOOP/SM]

Uitzicht vanaf het Stedelijk Museum/*View from the Stedelijk Museum*, september/*September* 1998

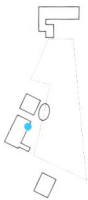

Kruispunt Rijksmuseum/*Rijksmuseum intersection*, juni/*June* 1999, september/*September* 1997, mei/*May* 1999

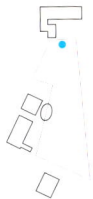

Nieuwe vleugel van het Van Gogh Museum/*New wing of the Van Gogh Museum,* juli/*July* 1999

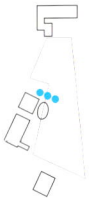

Uitzicht vanaf het Concertgebouw/*View from the Concertgebouw*, juli/*July*, 1999

Uitzicht vanaf het 'ezelsoor'/*View from the 'dog-ear'*, juli/*July* 1999

Deze uitgave vloeit voort uit de foto-opdracht die het Stedelijk Museum te Amsterdam aan Siebe Swart heeft verstrekt om gedurende enkele jaren de veranderingen van en op het Museumplein vast te leggen. / This book is the result of a photographic commission granted by the Stedelijk Museum in Amsterdam to Siebe Swart to record the changes on and around Museumplein over the course of several years.

Het fotoproject is mede mogelijk gemaakt door een bijdrage van de Mondriaan Stichting. / The photographic project is partially funded by the Mondriaan Foundation.

Deze publicatie is mede mogelijk gemaakt dankzij de inzet van Het Parool en de volgende instellingen en bedrijven: Stedelijk Museum, Concertgebouw, Gemeentearchief Amsterdam, Van Gogh Museum, ING Vastgoed, Stadsdeel Amsterdam Oud Zuid, Rijksmuseum. / This publication would not have been possible without the support of Het Parool newspaper and the following institutions and concerns: Stedelijk Museum, Concertgebouw, Gemeentearchief Amsterdam, Van Gogh Museum, ING Real Estate, Stadsdeel Amsterdam Oud Zuid, Rijksmuseum.

Fotografie / Photography: Siebe Swart, Amsterdam
Foto's / Photographs voorflap/front flap, p. 7, 8, 13, 14, 15, 21, 22, 23: Historisch-topografische Atlas, Gemeentearchief Amsterdam / Historical Topographical Atlas, Amsterdam Municipal Archives; p. 18/19: Publicatie/Publication Boekhandel De Verbeelding, Amsterdam
Auteurs / Authors: Theodor Holman (publicist, schrijft onder andere columns voor Het Parool / commentator and columnist for Het Parool), Ludger Smit (conservator Historisch-topografische Atlas, Gemeentearchief Amsterdam / curator Historical Topographical Atlas, Amsterdam Municipal Archives), Hripsimé Visser (conservator fotografie / curator photography Stedelijk Museum Amsterdam)
Eindredactie / Copy editing: Robyn de Jong-Dalziel, Barbera van Kooij
Vertaling (Ned-Eng) / Translation (Dutch-English): Robyn de Jong-Dalziel, Heemstede

Vormgeving / Graphic Design: Herlof Schürmann, Amsterdam
Druk / Printing: Veenman drukkers, Ede
Productie / Production: Astrid Vorstermans
Uitgever / Publisher: Simon Franke

Niet alle rechthebbenden van de gebruikte illustraties konden worden achterhaald. Belanghebbenden wordt verzocht contact op te nemen met NAi Uitgevers, Postbus 237, 3000 AE Rotterdam. / It was not possible to find all the copyright holders of the illustrations used. Interested parties are requested to contact NAi Publishers, P.O. Box 237, NL - 3000 AE Rotterdam.

ISBN 90-5662-130-0

Het **PAROOL**

M
S
Mondriaan Stichting

Uitzicht vanaf het 'ezelsoor' / *View from the 'dog-ear'*, juli / *July* 1999

Deze uitgave vloeit voort uit de foto-opdracht die het Stedelijk
Museum te Amsterdam aan Siebe Swart heeft verstrekt om gedurende enkele jaren de veranderingen van en op het Museumplein
vast te leggen. / This book is the result of a photographic commission
granted by the Stedelijk Museum in Amsterdam to Siebe Swart to record the
changes on and around Museumplein over the course of several years.
Het fotoproject is mede mogelijk gemaakt door een bijdrage van
de Mondriaan Stichting. / The photographic project is partially funded
by the Mondriaan Foundation.
Deze publicatie is mede mogelijk gemaakt dankzij de inzet van
Het Parool en de volgende instellingen en bedrijven:
Stedelijk Museum, Concertgebouw, Gemeentearchief
Amsterdam, Van Gogh Museum, ING Vastgoed, Stadsdeel
Amsterdam Oud Zuid, Rijksmuseum. / This publication would not
have been possible without the support of Het Parool newspaper and
the following institutions and concerns: Stedelijk Museum, Concertgebouw,
Gemeentearchief Amsterdam, Van Gogh Museum, ING Real Estate,
Stadsdeel Amsterdam Oud Zuid, Rijksmuseum.

Fotografie / Photography: Siebe Swart, Amsterdam
Foto's / Photographs voorflap/front flap, p. 7, 8, 13, 14, 15, 21, 22, 23:
Historisch-topografische Atlas, Gemeentearchief Amsterdam /
Historical Topographical Atlas, Amsterdam Municipal Archives; p. 18/19:
Publicatie/Publication Boekhandel De Verbeelding, Amsterdam
Auteurs / Authors: Theodor Holman (publicist, schrijft onder an-
dere columns voor Het Parool / commentator and columnist for
Het Parool), Ludger Smit (conservator Historisch-topografische
Atlas, Gemeentearchief Amsterdam / curator Historical
Topographical Atlas, Amsterdam Municipal Archives),
Hripsimé Visser (conservator fotografie / curator photography
Stedelijk Museum Amsterdam)
Eindredactie / Copy editing: Robyn de Jong-Dalziel,
Barbera van Kooij
Vertaling (Ned-Eng) / Translation (Dutch-English):
Robyn de Jong-Dalziel, Heemstede

Vormgeving / Graphic Design: Herlof Schürmann, Amsterdam
Druk / Printing: Veenman drukkers, Ede
Productie / Production: Astrid Vorstermans
Uitgever / Publisher: Simon Franke

Niet alle rechthebbenden van de gebruikte illustraties konden worden achterhaald.
Belanghebbenden wordt verzocht contact op te nemen met NAi Uitgevers,
Postbus 237, 3000 AE Rotterdam. / It was not possible to find all the copyright holders of the
illustrations used. Interested parties are requested to contact NAi Publishers, P.O. Box 237,
NL - 3000 AE Rotterdam.

Available in North, South and Central America through D.A.P./Distributed Art Publishers Inc,
155 Sixth Avenue 2nd Floor, New York, NY 10013-1507, Tel. 212 627.1999 Fax 212 627.9484

Printed and Bound in the Netherlands

ISBN 90-5662-130-0

Het PAROOL

M
S
Mondriaan Stichting